Un animal, el viento

MUSEO SALVAJE

Colección de poesía

Poetry Collection

WILD MUSEUM

William Velásquez

UN ANIMAL, EL VIENTO

Nueva York Poetry Press®

Nueva York Poetry Press®

Nueva York Poetry Press LLC
128 Madison Avenue, Oficina 2RN
New York, NY 10016, USA
Teléfono: +1(929)354-7778
nuevayork.poetrypress@gmail.com
www.nuevayorkpoetrypress.com

Un animal, el viento
© 2021 William Velásquez

© Contraportada:
Sebastián Miranda Brenes

ISBN-13: 978-1-950474-52-3

© Colección *Museo Salvaje* vol. 38
Poesía latinoamericana
(Homenaje a Olga Orozco)

© Dirección y edición:
Marisa Russo

© Diseño de interiores:
Daniela Andrade

© Diseño de colección y cubierta:
William Velásquez Vásquez

© Fotografía del autor:
William Ignacio Velásquez Salguero

Velásquez, William
Un animal, el viento / William Velásquez. 1ra ed.-- New York: Nueva York Poetry Press, 2022. 112p. 5.25" x 8".

1. Poesía costarricense. 2. Poesía centroamericana. 3. Literatura latinoamericana.

A la memoria de mis abuelos

No es verdad. El viaje no acaba nunca.
Sólo los viajeros acaban. E incluso éstos pueden
prolongarse en memoria, en recuerdo, en relatos (…)
El fin de un viaje es sólo el inicio de otro (…)
Hay que comenzar de nuevo el viaje. Siempre.
El viajero vuelve al camino.

JOSÉ SARAMAGO

El tiempo que nos hizo nos deshace.

OCTAVIO PAZ

1

De pronto un hombre es tierra conmovida.
Es la esperanza andando en pantalones.
Son las manos peleando contra el tiempo.

JUAN GELMAN

que todo el barro que eres, toda la impureza que eres
le cedan el paso al fuego que eres,
¡hasta que el fuego sea solamente luz!...

¡Solamente luz!

EDGAR LEE MASTERS

EX-SOMBRA

El poeta no tiene biografía.
NICHITA STĂNESCU

Recuerdo bien que fui una sombra
y anduve por años a ras de un cuerpo,
una masa concreta, pero sin forma espiritual
que me arrastraba por pedregales y pozos,
me hacía cosquillas por los matorrales
y me raspaba en el pavimento.

Hasta que un día salimos, y el sol tempranero
tironeaba por la espalda la camisa de mi dueño,
eran tan sofocantes sus brazos de fuego
que la masa humana se demoraba
y yo, delante de él, me iba estirando,
triplicaba su tamaño,
cuadruplicaba su insignificancia
        de huesos y grasas
y poco a poco el asfalto fue testigo del desarraigo:

Las puntas de sus pies se distanciaban de las mías;
milimétricamente se despegaban
mis pies de sombra
y fui libre de andar en mi propio sentido.

Centímetros eran ya
la distancia hacia aquel cuerpo,

pero la costumbre de atarme a él
me hizo trastabillar;
rodé por los descampados sin detenerme,
arrastré piedrecillas y hojarascas,
tierra y agua se mezclaron
en plena avalancha de sombra.

Fue un largo resbalar pendiente abajo.
Todo descalabro es pasajero;
y hubo un momento en que la planicie
      acuñó mi estrépito
            que ya no era sombra;
sino un amasijo mineral con vida y conciencia.

Y pude levantarme y palpar mis nuevas manos,
hice muchas piruetas y estrené mis nuevas piernas,
pude sacudir con gozo mi nueva cabeza
y todo lo que busqué fue una ramita entre la hierba
para trazar en códices mi historia
sobre las rocas de las praderas.

Continué escribiendo a través de las costas,
por valles, ciudades y cordilleras,
es tanto lo escrito que la gente se extraña,
se ríen, hacen mofa y me llaman poeta.
Y supe de oídas que aquel cuerpo que me tuvo
se desmoronó esperando el regreso
hasta volverse un puñado de inercia.
Pero no quiero olvidar que una vez fui sombra;
      que no tengo biografía
y hoy soy mi propia anécdota.

ACTO DE CONTRICIÓN

Otra hoja que se mancha.
Un yugo de menos en el alma.

Palabras que son bloques de un muro incongruente
tiemblan todavía bajo la sombra del bolígrafo
como abuelas enfermas ante el presagio de la lluvia.

Todo lo que en el papel haya sido liberado
pertenece en adelante a los alegatos del olvido.

Por ahora, esta mano
suelta la hoz que sangró tinta.

Un acto brutal de contrición: la poesía.

TEMPORADA EN EL VACÍO

Los lugares que nunca visité
no son más remotos
que ciertos rincones de la casa.

Las cábalas untadas sobre un pan marchito
prolongan esta agrura
bajo el pulso desacelerado de los días.

Sin embargo,
redescubro el color de los ojos de mis hijos.

Un todo se revela en el vacío.
Nada hay que no pueda ser aislado de su centro.

Galopo sin prisa hacia mi otoño.

La vacuidad es la medida
de todo lo concreto.

ANOTACIONES SOBRE LA BELLEZA

> Si la belleza sostiene una cabeza
> bien puede sostener el mundo.
> ANTONIO GAMONEDA

Algún día entenderemos que lo bello está en la sangre,
esa marea que se agita en su vaivén intravenoso.

Sabremos el valor del latido y el instinto
y no ataremos más los ojos
sobre el instante epidérmico.

La piel que se erigía en escultura será escombro
cuando la edad y el frío se revelen
en la penumbra y soledad de la noche y el alma.

Y como en juego de contraluces,
nuestros semblantes serán el calco
del mapa que albergamos del rostro de los abuelos.

Algún día le daremos su valor preciso al cuerpo:
una impermanencia más en el curso de los vientos.

COMALA

Llamé ciudad a aquel baldío
que por toda población guardaba ausencias
y entre sus fantasmas me llamaron loco:
el ausente era yo
       ante sus ojos de luciérnagas.

ARTE INCONCLUSO

Como manchones furtivos que estropean el lienzo
donde una vez el pincel quiso
disimular la farsa,
así se posan las risas sobre los rostros abyectos;
            así maquillan agonías
                        y desesperanzas.

No hay semblante inmune a esas mentiras
o un solo par de labios
inaccesibles a la patraña.
La algarabía es una obra en marcha
que del boceto inicial no prospera
y cuando se cree completar un tramo
surge espontánea
            y lo borra
                        una lágrima.

¿Y qué será el orgullo dentro de toda esta comedia?
Acaso un flojo caballete
donde el artista erra sus trazos
y que en cualquiera de sus rabietas
al no lograr la imagen que sueña
lo desbarata y se trae al suelo
el arte inconcluso de sus falacias.

REVELACIÓN

He perdido un horizonte.

Las formas generosas del aguacero,
la vigilia estelar en lontananza,
la gubia del sereno
que talla arabescos sobre la falda volcánica,
   ya no me pertenecen.

Desde esta gruta que me constriñe,
hago recuento de todas
las maravillas despojadas,
y miro el semblante de las rosas
que se marchitan en el florero.

Han muerto las rosas,
pero su aroma recién emerge.

Levanto del piso los pétalos vencidos,
aspiro apaciblemente la frescura de su muerte
y una revelación me pone en vilo:

He perdido un horizonte
y a la vez, gané un refugio en el mundo;
una butaca en el regazo de la soledad
para acercarme a mi centro
   y conocerme.

TODAS LAS RUTAS DEL VIENTO

Todas las rutas del viento
cruzan y se enmarañan
en la festiva tempestad de los columpios.

Descendimos inermes del vaivén de esa armadura
todavía con el óxido manchándonos la infancia,
y ahí empezó el desastre.

Inútilmente copamos su estafeta:
no hallamos rumbo ni lazarillo
            ante el mareo de la vida.
Ni rastro de estaciones;
sólo un rumor de domingo frío.

Mientras tanto el alisio alborotaba tus cabellos
y un soplo septentrional te colgó de bufanda
            mi helado tacto de anfibio.

Privados, por castigo, del céfiro de los poetas,
apenas nos legaron el mundano viento,
            a secas.
Un polvoriento siroco intoxicó todas las sábanas;
ciclones devastaron las techumbres de lo místico.

A nosotros,
que sólo aprendimos el dialecto de la brisa;
cierzos y monzones vinieron a injuriarnos
y no los comprendimos.

No sabíamos que el viento es un pífano burlesco
que levanta las faldas más holgadas,
arrastra periódicos añejos,
y así fuimos dos locos
que se paraban desafiantes
creyendo atraparlo dentro de una botella.

Quedamos a merced de la intemperie,
volaron de las manos nuestras cartas astrales.

Truncado para siempre lo truncado,
vivido a medias tintas lo vivido
mientras el viento se escabulle
                planeando ligero,
ante una comitiva de pájaros y papalotes
que aprovechados le piden
                un aventón hacia los cielos.

MILAGRO

Entre el salto y la caída
        todo es levitación.

JONÁS BAJO EL SEMÁFORO

A diario me entrego a las fauces de esta bestia
cuyas entrañas de hojalata
regurgitan nuestras miasmas.

No imploro por salvación ante la celestial sordera;
en cambio, leo cualquier libro,
que es salvarme solo.

Estoy acostumbrado a que me engulla
la rutina,
sé esperar el momento del espasmo,
cuando la bestia se asquea de mi nombre
y me vomita.

Tocan mis pies la tierra baldía,
la patria del escarnio y de las migas.

Vuelvo a ser Jonás bajo el semáforo
en una Nínive de asfalto intransitable
donde hasta el buen Dios vuelve la cara
para desentenderse
de toda su injusticia.

TRUENOS

Negros potros se desbocan
por las praderas del cielo.

Hay tal violencia bajo sus patas,
que el volcán suspende su emanación
de siglos venideros.

Temo que caigan sobre mi cabeza
las bestias irrefrenables.

Mientras tanto la gente
ve hacia arriba entretenida.

Creen que solamente truena.

Yo sé que el universo se desploma.

LA BELLA TEMPESTAD

La bella tempestad ante mis ojos.
El estropicio citadino naufraga en su resfrío
y pende casi en ascuas
de la voluntad de los pluviómetros.

Abordo un autobús que finge ser un arca
sobre el triste reflejo
de esta ciudad desde los charcos.

Pronto será la hora de ahogarme en el pavimento,
ya me sepultarán los pétalos
punzocortantes del aguacero.

La noche, un recipiente desbordándose del cielo,
se ha convertido en suampo entre mis calcetines
mientras pasa un relámpago que delinea montañas.

El Parque Nacional es una isla salvaje;
siempre temo que al cruzarlo me intercepte
una tribu de paraguas
que empañan la visión hasta que no distingo
        la bella tempestad ante mis ojos
sobre mi desguarnecida soledad de pararrayos.

Rara Avis (Arte Poética)

Del esplendor de las parvadas
sólo me fue concedida
su despectiva sombra al alejarse.

No habito en la altura inexpugnable
del azor;
por tentar el hocico de los depredadores
mi nido construí en los arrayanes.

El trino colectivo no me obceca:
para mí es el silencio y la cordura,
planear sobre las frondas
que puedan alimentarme.

Lo mío es debatir con el hambre y la rapiña;
para ellos son las alas distendidas,
el desparpajo.

Mientras que los polluelos improvisan
su algazara
callo, porque de origen yo ya traía mi canto.

Mi vuelo adolece de acrobacias y delirios.
Allá donde los otros se lanzan al abismo
desdeño las tentaciones de Apollinaire
pues verlos reventarse
es un gracioso espectáculo.

TARANTELA PARA GUBIA Y CINCEL

Aunque intuyo el alebrije que respira
en el seno de un trozo de madera,
o la diosa fecunda y adiposa
que se oculta bajo una piedra,
estas manos jamás podrían darle forma
a todas esas fisonomías
que construye mi cabeza.

LAMENTO POR ELISE COWEN

Open the Windows and Shalom
ELISE COWEN

No hace falta que abras la ventana
si has de atravesarla
de un salto hacia tu muerte.

Vano será el dolor de los cristales
incrustados en tu cuerpo,
si este es un guiñapo cuando tus padres
se estremezcan con el estallido,
te descubran recién mudada al infierno
y destruyan todos tus cuadernos
para que desciendan contigo.

No hace falta que Allen aúlle
su amor por Peter en tu cara.
Tu consuelo será escribirle
poemas obscenos a otra chica.

Pero mamá y papá no querrán que el mundo
sepa tus aberraciones
y todos los renglones de tu amor serán ceniza.

Será vano ocultar la biografía de tu suplicio
si has decidido que veintiocho ya fue suficiente
entre tu adicción y los manicomios.

Te irás sin ver un día un libro tuyo publicado,
y nos resignaremos a lo poco
que de ti cuentan las antologías.

Basta que unas pocas hojas
queden ocultas al exterminio,
las justas para reconstruir
tu historia autodestructiva;
así que saltarás sin dilaciones,
sin remordimiento,
en aparente paz hacia la huida.

Lo terrible de la calma es que sofoca.
Elise, salta y no vuelvas. Ya no estés deprimida.

NOCTURNO

De noche, los carbunclos
juegan que son estrellas
y me desvelo en la locura
de seguirlos
           como un Rey Mago.

BENDICIÓN A LOS ENFERMOS CON UN LIBRO DE CHARLES SIMIC

> Qué gran desfile de fantasmas
> -¿o eran plañideras?-
> CHARLES SIMIC

Benditos los que esperan
en el servicio de emergencias
destilando el remanente de una fiebre,
tras esa cuesta donde los peatones
ensayamos para el calvario.

Benditos, porque en esta sala,
el reloj reparte las horas con gotero,
se engulle el calor colectivo
en cápsulas de quinientos miligramos,
y la paciencia es una sonda atascada
de anticuerpos
en las venas de la tarde.

Benditos los que, entre toses, quejidos
y abatimientos de pecho
conforman mi séquito bullicioso
a pesar de los rótulos que piden silencio.
Nunca nos presentaron formalmente,
y no me dejan leer en paz a Simic
mientras la infección recuesta
su cuchillo en mi garganta.
Pero aun así les bendigo,

porque ellos son mis ángeles domésticos,
compinches de la tribulación
que entran inquietos al consultorio
con la prueba de penicilina en el brazo;
nueva marca de Caín que nos vuelve hermanos.

Salen con los ojos coloreados de alivio,
porque el doctor ha dicho
que es algo pasajero,
        que su hora no ha llegado,
y así, en tanto espero leyendo,
como conspiradores tramando un golpe
uno a uno se retiraron.

Hospital William Allen Taylor

VUELTA Y ROSCA

Ojalá, por una vez,
se equivoquen Stevenson y Dumas:

Que, entre todas las pasiones,
      la más grande sea el amor
            y el miedo la más estúpida.

O si tuvieran la razón;
      esta sea pura
         literatura.

ACTOS PREMEDITADOS

I

Hay un dejo fatal
tras el voto de silencio de los espejos.
Desde su adquisición,
callan con estoicismo los años en cautiverio.
Pero un día impensado,
hartos de las malas caras del abuelo,
de las muecas y las babas de los niños
o de los llantos de las novias
que en el altar se pudrieron,
desatan el nudo que los suspende
en su rincón de martirio.
Y ante el asombro o el espanto
de sus dueños
se suicidan los espejos.

II

Las tazas que velaban nuestras tertulias
se hastiaron de escucharnos
debatir entre Blake y Lautremont.
Las tazas que con asco dejaban
que las sorbiéramos
con el rescoldo en los labios
todavía virulentos del último amor,

una mañana se lanzan de la mesa
y manchan el piso
con vísceras de cerámica
y sangre de cafeína.

III

Enloquecidos por la opresión del interruptor
que aniquila penumbras
o censura la lujuria que bajo sábanas arrecia,
cualquier noche, al mínimo contacto,
explotan los bombillos
e inundan la bruma de la alcoba
con su espontáneo diluvio de vidrios.

LA NIEBLA

Hay quien porfía que la niebla
es una dama voluptuosa
que se desnuda en los tejados.

Pero yo le ando de lejos a esa pálida ramera
desde la vez que con ella me atreví a propasarme
y clavó sus filosos granizos en mis dedos
mientras me divertía en manosear
sus fríos pechos blancos.

LUCIDEZ

El poeta es un parásito sagrado.
MICHEL HOUELLEBECQ

Si llegas a enfermar de lucidez;
procura destruir toda evidencia de tu arte.

Enciende una fogata con tus manuscritos,
sálvate del frío
y la orfandad de la derrota.

Si llegas a inmolar al animal del silencio
no demores la caída en busca
de un fractal que defina la substancia del hastío.

Sólo siéntate y escucha el lamento del cuyeo
deja que te extravíe su sermón de cataclismos.

Percibe cada arruga atrincherándose en tu frente
como una comitiva de arlequines demacrados.
Disfruta esa inercia en la punta de los dedos,
ve el polvo amontonarse sobre el lomo de tus obras
antes de emprender el viaje perentorio de tus átomos.

Si entra en ti el parásito cordial de la mesura,
deja que te devaste,
    regocíjate en su exterminio.

No mendigues epitafios,
   entrégate mientras sientes
toda la geometría de la muerte
   resolviendo
tu cadáver exquisito.

Si llegas a enfermar de lucidez,
sabrás que no valieron tantas condecoraciones,
y la estela sagrada que atribuías a tus versos
es sólo una hedentina para el hambre de los buitres.

EL DOLOR DE LA BELLEZA

Un solo grano de arena basta
para herir las valvas de la ostra.
Accidente que activa su mecanismo de defensa.

Capas y capas de nácar segrega el molusco,
recubren al invasor en una majestuosa perla.

Una ostra sin perla jamás ha sufrido.

Muerte e incertidumbre,
enfermedad y tristeza
son los granos de arena en el alma del poeta.

Las palabras son el nácar que repelen su dolor.
Sus poemas, las perlas que enquistan esas heridas.

Ningún ser sin sufrimiento
jamás será capaz de articular un verso.

El poeta es un molusco en proceso de sanación.

ALBATROS

Soy hijo del agua y de la Tierra,
pero mi sepultura está en el Viento.
LEÓN FELIPE

Sospecho que porto el alma de un albatros
e intuyo la tormenta al mínimo escalofrío.

Los muertos del mar alguna vez me hablaron,
cargué sobre mi cuello sus voces legendarias;
sospecho que si sueño con oleajes y hondonadas
es que volé dormido a reposar sobre el océano.

Detuve mi plumaje en la nave de un recuerdo
y vi la juventud que regresaba
con mástiles inclinados y proa sumergida
a besar las arrugas que me esculpió la carne
cuando después de tanto baile,
       tanto ritual de iniciación y gregarismo
por instinto reduje mi círculo de amigos
y con cierto dolor profesional
me resigné a la monogamia,
fijé la mirada en sentido de los alisios
desde el islote en que anidé
junto a mi elegida.

Sospecho que porto el alma de un albatros,
vuelo y aterrizaje aprendí de mis ancestros.

Planeo sobre una ráfaga de utopía
y si la noche lo amerita,
me desvelo a señalar las direcciones
de la muerte,
consciente de que un día
el viento vendrá por mí
                    para elevarme;
no habrá ya tiempo de transcribir
el canto que se bate de mi pico aletargado
y en la infinitud de su soplido espectral
                    replegaré mis alas.

2

No lamentes la ausencia de la semilla,
ama grandemente el fruto dado.
La semilla debe morir.

EDUARDO ANGUITA

¿Durante cuántas alboradas tranquilas
se nos verá todavía?

CANTO SEGLAR BRIBRÍ

A LOS QUE AGUARDAN SU PASO

Yo no quisiera manchar jamás
estas páginas con vuestros nombres.

Prefiero dejar en blanco
los renglones luctuosos.

Tatuaría el corazón de mis parientes
con la tinta de sus epitafios.

Pero la inmortalidad no es una pluma
que siente bien entre mis dedos.

Tan sólo sé escribir con la humedad de la tierra
estos versos que se evaporan
          como los seres que amo.

DOCE OSCUROS PÁJAROS

A Nando

Doce oscuros pájaros que huyen en manada
con su graznido de espanto
y su plumaje de hielo.

Ya cuarenta veces fui testigo de sus vuelos
primero inadvertidos, después envuelto en heridas.

Péndulos que azotan y derriban tus cimientos,
sombras migratorias en constante emboscada.
Ayer te decidiste a seguir tus doce espectros
¡qué exótica ambición de eternidad por despedida!

Las doce oscuras aves tardías que me esperan
son de la estirpe de aquellas que ya no vuelven,
que se extinguieron
en el costado lacerado de tu carne y de tu tiempo.

GERMINAR

A Walter

La tierra hoy llama a tu semilla
que no sabe de esperas,
la oscuridad abre el surco
donde entrarás a echar raíces
sobre este almácigo de huesos.

Germinarán de tu entraña
silencios que dan frutos,
florecerán desde tu ausencia
evocaciones
como vástagos violentos.

Pronto los suelos lucirán
el color de tu cosecha;
los colibríes beberán
el néctar de tu recuerdo.

Aguarda.
Es sólo cuestión de tiempo
para que vuelvas vestido de historia
a repartir el nutriente de tu paz
entre el paladar y el elogio
de tus nietos.

CONCILIACIÓN

Conviene darle la razón al minutero.

Asumir que una hora sea realmente lo que dura
o que un segundo es una partícula
             tan pequeña.

La vida esa supernova
en expansión dentro del pecho
¿O será la vida misma
con todos nosotros incluidos
una extraña pesadilla de un asteroide inerte?

El tiempo un muro en blanco,
una línea que disecciona
la eternidad en tramos sangrientos.

Que el día es un testaferro de la noche,
o quizás la noche sea
el corolario de una epifanía.

INCERTIDUMBRE

¿De qué color es la angustia
tras el soplo fantasmal que apaga las velas?

¿Qué forma tiene la ausencia
sobre el lado del colchón que nadie llena?

¿A qué huelen los presagios,
a qué sabe la impaciencia?

¿Cuánto pesa el desamparo
en la oscura enormidad de la conduerma?

¿Qué rumbo siguen las esperanzas,
qué dirección las desavenencias?

¿Hasta dónde empaña el frío criminal
a cada dolor, a cada osamenta?

Y el calor de la verdad
¿hasta qué punto conforta
y a partir de cuándo quema?

La incertidumbre reina en los párpados
que no encuentran respuestas.

NS/NR

No respondo de cuánto repugne al suelo
el rancio bocado de mis huesos.

O si hiere a las veredas
la erosión que me disemine.

Jamás verán mi carne
sobre el plato de los dioses.

El alma que me habita
no es más que un compuesto voluble,
un mientras tanto atrapado
en la calavera de la desidia.

Del polvo que provengo no porto referencias.
Del polvo que seré no ofrezco garantías.

ESTACIONES

Ya terminaron
las cuatro estaciones
y sigues muerta.

LA ENREDADERA

La casa yace, yace sin remedio,
fantasma de sí misma, yace, yace,
BRAULIO ARENAS

*A mis abuelos maternos,
Dora y Bienvenido. In Memoriam*

Hace años nadie alquila
aquella última casa que habitaron los abuelos.

Primero ella salió con la cadera en astillas,
luego él con su corazón descompasado,
y ya ninguno regresó a convalecer tras sus paredes.

Yace bajo la asfixia de una enredadera,
cancerbera que oxida los llavines
y sus hojas fantasmagóricas
        espantan inquilinos.

Deben tener algo de antropófagas
esas casas que nadie elige
para sudar lunas conyugales
y sólo hacinan las ánimas de tantos abuelos.

Viviendas con bruma en las ventanas
como los ojos de Dora;
gemidos de puertas que evocan
las oraciones de Bienvenido.

Moradas que hieden a mortaja
cuando la niebla enmohece
las noches de ancianidad
donde nos descubrimos cansados,
y sólo queda rogar que nos abrace la muerte,
como esa enredadera asfixia
aquella casa que nadie más rentará
porque la savia de sus lianas
corroe cada aposento con rumores de sepulcro;
y el rictus de la soledad asusta a quien pregunte
si la herrumbre de esa llave traspasará su anatomía
cuando los picaportes de la juventud
           le sean trancados
                      definitivamente.

TACHUELAS

A abuelo Nido

I

Vagamente recuerdo tu rincón de trabajo:
el peso de tu edad
prensaba el viejo taburete,
-tu mesa de operaciones-
cirujano del calzado desvaído,
artista del remiendo y la costura,
zapatero jorobándose ante el cuero endeble.

Martillo en mano preparas la estocada,
metódicamente se cierra la llaga,
untas el cemento para cauterizar la herida.
En tu quirófano de suelas,
como Lázaros gemelos resucitaban los zapatos,
tachuela a tachuela canjeabas tus monedas;
y de nuevo, en tu casa, la mesa sonreía.

II

Alguna madrugada, ya viudo y retirado,
te escuché tras la pared implorándole a tu Cristo,
"Concede el alivio a mi cuerpo enfermo".

Ese día comprendí el terrible punzar del cielo:
el taburete de Dios fueron los años
el calzado a remendar ya eras tú, abuelo,
pero no había ya más pegamento para tus grietas
y la vida, inexorable, sus tachuelas te hundía.

III

El último domingo que me acerqué a la Iglesia,
casi tuvimos que cargarte al final de la homilía.
Mamá te llevó a casa, yo regresé con mi familia,
con otra tachuela clavada en mi garganta
y un raspón en carne viva que aún no cauteriza.

¡Mira qué herencias dejan los años!
pronto tus grietas serán las mías.

OCASOS

Cuando vengan los ocasos que temía,
y los seres amados sean
una precipitación de aerolitos,
en la hora del duelo
quiero actuar como Demócrito:

Arrancarme los ojos.
Enterrar la memoria de un muerto
en los cuencos vacíos.

Arrancarme los ojos.
Que florezca una dalia en la oscura
huerta del olvido.

Y exiliado al fin del llanto,
huir danzando a tientas entre riscos.

EL BESO DE LAS NEBULOSAS.

Para E. y F. que se encontraron de nuevo

¿Sabías que una gota de agua
empieza a formar la estalactita,
que de unas débiles ninfas brotan, altivos, los imagos;
y la envoltura de una estrella brilla después de su muerte
hasta por diez mil años?

Tu padre puede dar fe
que apenas somos larvas de la eternidad;
embriones apaciguados en aparente eclosión
esperando con temor el surgir de las alas, .
el color de las edades consumidas,
la capacidad no anhelada de volar
más allá de lo concreto.

Hoy que de nuevo lo abrazas,
pregúntale y verás que parecemos
crisálidas humanas bajo un capullo de piel que palpita;
emana calor lo mismo que experiencias
y se aferra al sueño de la realidad
para cohibirse de la elevación definitiva.

Su polvo y el tuyo entrecruzaron sus átomos,
y un doble anillo de luz
se va soldando en el universo.

Al fin comprendes los argumentos
de nuestra metamorfosis:
ahora son calcitas que cuelgan en su caverna inexorable,
dos mariposas monarcas,
nebulosas que por fin se besan.

En este lado del tiempo, en cambio,
somos acuosos minerales que aguardan la caída,
mandíbulas de una oruga que rompe su seda,
almas que han postergado la fuga,
despedidas rociadas por el llanto sideral de los milenios.

ÚLTIMA CONTEMPLACIÓN DEL MAR

A abuela Mencha

Sobre un tronco que yace a merced de la sal,
se ha sentado el roble inmarcesible que es la abuela.

Observa a sus bisnietos chapoteando a la distancia,
ríe con la embestida de cada ola.
Los niños a ratos levantan la mano y saludan,
ella devuelve el gesto
como si se comunicaran con un código marino.
Sus ojos son dos perlas resguardadas
bajo unos párpados de ostra.

Allá donde el tiempo ha mellado su agilidad,
y las décadas socavan la toponimia de su piel,
la vista sigue llegando
hasta donde el cuerpo ya ni lo intenta.

Posa su mirada en algún punto,
y es difícil descifrar en qué recuerdo clava el anzuelo.

De pronto lanza una pista:
"A Paula ya no le gusta nadar" - dice con resignación,
entonces sé que mira un oleaje de otro siglo,
cuando mi esposa era una niña que braceaba
hasta el esqueleto de un barco encallado.

En los dignos linderos de su existencia,
la longevidad dotó a la abuela con la virtud
de disfrazar de frase una larga historia.

Miro a mi esposa vigilando
la diversión de nuestros hijos desde la orilla,
imagino su infancia como un lejano arrecife,
y envidio la síntesis de la abuela,
la brevedad como secreto
para exprimir los últimos zumos de vida,
un método para desmenuzar su oda nonagenaria
hasta que sólo nos quede un haiku,
como una carnada que sirva
para pescar en un descuido
al escurridizo pez de la memoria.

Puerto Limón. Julio, 2019

TODO SE VA

Todo se va.
  Los barcos olvidan a sus mares
  Los cielos desconocen a los pájaros
  Las puertas abandonan sus aldabas.

Ya nada pertenece más a nadie.
Se va la juventud
y queda el embargo de la memoria.

Se van las navidades
y el cadáver de un ciprés
se conflagra como un traidor
que se guardó los besos.

Los cielos extraditan a sus dioses
Las alas amputan a sus ángeles.

Todo se va
  y es una suerte quedarse de momento
  en la contemplación de un mundo
  cada vez más despoblado
  donde hasta la soledad parece irse
por voluntad
          o aburrimiento.

LA OTREDAD

Hay una mueca que desencaja las comisuras del anciano,
un rostro que atrapó el obturador
en un retablo,
una chispa que agoniza en su intento de ser fogata
y el musgo en la poltrona descompuesta de la sala.

Hay un incauto a quien engañó
el impostor proselitista
y una hipotermia que por la noche
diseca el alma del pordiosero.

Es la otredad vuelta desgracia
la injusticia en el reparto de mendrugos
la casilla de mañana vacía en el calendario.

ENFERMEDAD

La enfermedad es la semilla del tiempo
que fecunda obituarios
en el vientre de una lágrima.

ALMA

Lúgubre osario de los sentidos,
hoguera que disminuye
sin dignidad hasta el detrito.

Frío senil que boicotea
la canícula del deseo.

Madeja de arquetipos heredados,
tobogán que descalabra hacia el vacío.

Eso es el alma que me prestaron:
huida permanente
entre la escoria de mi cuerpo.

Estaca y crucifixión,
el fruto amargo de los muertos.

MEMENTO MORI

Teme a la noche,
que es un ocaso repetido,
un boceto de eternidad bajo las sombras.

Teme a las cuentas regresivas,
a la vespertina migración de las palomas,
al rubor de la nube
que engendra el relámpago,
al trueno que hace cimbrar
los adornos de la mesa.

Teme a la decepción que revienta
los cristales del anhelo,
a la voz en off de la conciencia,
al código de barras del corazón enlatado.

Teme a la sequía de los párpados
si se extiende desde adentro,
al murmurar de la muchedumbre,
a la sed en labios ajenos.

Teme a lo insípido de un beso que se presta.

Teme a todo,
pues todo es nada
en la hora impostergable,

y nadie te acompaña
hasta el pútrido refugio
en que plantas los doscientos seis
garfios de tu osamenta
y los veintiún gramos de tu alma
                              se disipan.

MIS MUERTOS

Son pocos mis muertos, pero su ausencia
pesa como un millar de rocas de Sísifo.

Algunas noches oigo sus voces
mientras en sueños
vago a ciegas por valles de sombra
y palpo la gelatinosa redondez de mis ojos
entre los picos de los cuervos.

Mis muertos me indican la senda
con el chasquido de sus huesos,
pastorean mi extravío y confortan mi tropiezo.

Y cuando al filo de la madrugada
vuelven mis ojos a sus cuencos,
a través de los picotazos brotan lágrimas
por aquellos fantasmas que me guiaron
hasta el calvario de estar despierto.

SENSIBILIDAD ARBÓREA

En esta morada se respira bien
porque aún conserva conciencia de árbol.

No es más que un tronco rectangular,
una entidad que se resiste al desarraigo.

Por la noche, oímos crujir su maderamen.

En la infancia nos asustábamos,
tan traumados por los cuentos de fantasmas.

Pero los años nos enseñaron
a comprender su regocijo:
la sensualidad de su corteza
coqueteándole a las sombras,
a pesar del dentellear
de las termitas y los lustros.

Somos la consecuencia de su sensibilidad arbórea;
quien roza nuestra piel queda
con dedos pegajosos
pues nuestras glándulas, ante el calor,
en vez de sudor destilan savia.

De vez en cuando alguna tabla
cede al escarnio de la polilla,
un tránsito necesario en el hallazgo de su origen:

Un día esta morada se llenará de musgo;
lentamente su ramaje quebrará los ventanales,
le nacerá un laberinto de follaje y oropéndolas,
y recluidos en la silvestre terquedad de sus entrañas
seremos faunos que se amotinan
dentro de un bosque de cuatro paredes.

NUESTRA MATERIA

No estamos hechos sólo de polvo:
también llevamos color de almendro,
cenizas de juventud,
tribulaciones,
　　　　necesidad
y miradas de firmamento.

Tenemos labios en colisión
- nuestra materia es el sentimiento -
nos dieron alma para el amor,
caricias que palian la soledad
y concupiscencia para alegrar el cuerpo.

Somos glaciar ante el opositor,
fogata para pocos amigos.
Nuestro legado es la ilusión,
credo la tierra para labrar
y testamento cada camino.

Cantamos trovas de tornasol
pintamos óleos de la conciencia,
bailamos danzas de ambigüedad,
y el diario fragor
mina el cimiento de nuestra esencia.

Comemos aire, sudamos pan,

nos desvelamos pregonando un sueño
sin reparar en las lecciones
que con dolor recibimos
en la cátedra del tiempo.

Por eso al morir no sólo al polvo volvemos:
retornamos a la esperanza
en que fuimos concebidos;
al reconcomio de las capitales
o al remanso de los cerros.
Y hay quien un día, como por ensalmo,
ve pasar la sombra de sus ancestros.

PROFECÍA

Tendremos todo el olvido para poblarlo a sus anchas.
Poco a poco nos congregaremos
en una tribu evanescente.

Al igual que el eremita marcó sobre el desierto
su territorio infranqueable
y no se supo si fue tragado
por la soledad o por las dunas,
habitaremos la muerte
como una estampida de dromedarios;
un enjambre de larvas colándose al vacío
a través de cada filamento
que refracta la última evidencia de nuestro pulso
desde el eterno regazo del silencio.

William Velásquez Vásquez, nació en Turrialba, Costa Rica en 1977. Estudió Diseño Publicitario en la Universidad Autónoma de Centroamérica (UACA). Ha escrito artículos de opinión, reseñas, poemas y narraciones en las Revistas *Lectores*, *Turrialba Desarrollo* y *Cartago Mío*. Fue miembro del Taller de Poesía Nuevo Paradigma. Forma parte del equipo de gestión cultural de Turrialba Literaria. Cuentos y poemas de su autoría aparecen en las antologías *Crónicas de lo oculto* (Editorial Club de Libros, Costa Rica, 2016), *Voces del café* (Nueva York Poetry Press, 2018), *Entra-Mar II* (Sakura Ediciones, Colombia, 2018) y *Le Parole Grondanti - Antologia della Nuova Poesia Centroamericana - Vol.II* (Fermenti Editrice, Italia, 2021), así como en las páginas literarias Norte/Sur y Ablucionistas (México), Buenos Aires Poetry (Argentina), Literariedad (Colombia), Casa Bukowski, Altazor (Chile), Nueva York Poetry Review (EE.UU). Actualmente colabora como redactor en la Revista Digital *Glass Onion* (Argentina). Ha publicado los poemarios *Los dictados del mar* (2018) y *Tocadiscos* (2020) bajo el sello editorial Nueva York Poetry Press.

ÍNDICE

UN ANIMAL, EL VIENTO

1

2

Colección
CUARTEL
Premios de poesía
(Homenaje a Clemencia Tariffa)

Colección
PARED CONTIGUA
Poesía española
(Homenaje a María Victoria Atencia)

Colección
PIEDRA DE LA LOCURA
Antologías personales
(Homenaje a Alejandra Pizarnik)

Colección
MUSEO SALVAJE
Poesía latinoamericana
(Homenaje a Olga Orozco)

Colección
TRÁNSITO DE FUEGO
Poesía centroamericana y mexicana
(Homenaje a Eunice Odio)

Colección
SOBREVIVO
Poesía social
(Homenaje a Claribel Alegría)

1
#@nicaragüita
María Palitachi

2
Cartas desde América
Ángel García Núñez

3
La edad oscura / As Seen by Night
Violeta Orozco

Colección
MUNDO DEL REVÉS
Poesía infantil
(Homenaje a María Elena Walsh)

1
Amor completo como un esqueleto
Minor Arias Uva

2
La joven ombú
Marisa Russo

Colección
VEINTE SURCOS
Antologías colectivas
(Homenaje a Julia de Burgos)

Antología 2020 / Anthology 2020
Ocho poetas hispanounidenses / Eight Hispanic American Poets
Luis Alberto Ambroggio
Compilador

Colección
PROYECTO VOCES
Antologías colectivas

María Farazdel (Palitachi)
Compiladora

Voces del café

Voces de caramelo / Cotton Candy Voices

Voces de América Latina I

Voces de América Latina II

Para los que piensan como Eugenio Montejo que *Dura menos un hombre que una vela/ pero la tierra prefiere su lumbre/ para seguir el rastro de los astros*, este libro se terminó de imprimir en el mes de enero de 2022 en los Estados Unidos de América

Made in the USA
Middletown, DE
05 September 2023